AF337996

CARNAVAL DE LA PRESSE
LA PRESSE
LES ÉLECTIONS DE 1869
30 Cent.mes
EN VENTE
Chez
MADRE
10, Rue du Croissant, 10
PARIS.

LE CARNAVAL

DE

LA PRESSE

—

LES ÉLECTIONS DE 1869

—

PAR ALBERT MAURIN

Si dans trois mois, à quatre-vingt-dix jours, échéance des billets à ordre, une révolution devait éclater en France, le langage des feuilles révolutionnaires ne serait pas différent de celui qu'elles parlent aujourd'hui.

Des publicistes nous annoncent la république à courte échéance, comme ces moines

du Moyen-Age, qui prédisaient aux popula-
tions folles de terreur, la fin du monde pour
l'an mil.

En 968, les seigneurs, bourgeois et manants
abandonnaient leurs biens aux monastères,
pour se ménager de hautes influences, au grand
jour du jugement dernier.

En 1868, d'honnêtes gens s'abonnent au
Réveil, à la *Tribune*, à l'*Avenir national* ou
à l'organe incorruptible de leur département,
afin que la colère des républicains leur soit
légère, quand viendra le triomphe de la République universelle.

Termino mundi appropinquante.

C'était la manière de dater les actes publics,
a a veille de ce fatal *an mil.* — « La fin du
« onde approchant. »

Imperii termino appropinquante.

Murmure-t-on, en 1868, dans ces réunions

PRIVÉES DE DOUZE CENTS PERSONNES, qui ne s'étaient jamais parlé et ne se saluaient même
pas, avant de se coudoyer dans une touchante
intimité légale.

La fin du monde ne vint pas, en *l'an mil*,
et les manants du xe siècle en furent pour
leurs donations *in extremis*.

La République ne viendra pas davantage
en 1869, et quelques boutiquiers peureux en
seront pour un abonnement de six mois.

Après que le Corps législatif eut voté la
nouvelle loi sur la presse, il ne fut pas douteux
qu'un certain changement ne dût s'opérer
bientôt dans les allures des feuilles de l'opposition.

On s'attendait à une discussion plus nette,

plus vive, plus passionnée si l'on veut, des affaires publiques.

Les principes allaient être posés avec plus de franchise, les actes des fonctionnaires appréciés avec plus de liberté.

La polémique de sous-entendus, de clair-obscur, d'allusions et de demi-mots, qui avait fait la fortune politique et académique de M. Prévost-Paradol ; cette opposition moitié brouillard, moitié clair de lune, allait disparaître, pour faire place à une opposition de grand soleil, regardant ses adversaires face à face, et leur disant loyalement leur fait.

Qu'une certaine agitation sortît de ce nouveau régime de la presse ; que l'opposition usât parfois jusqu'à l'abus des droits que la loi venait de lui reconnaître ; que l'opinion publique jusqu'alors si calme, en ressentît quelque trouble : tout le monde le prévoyait, et quelques bons esprits s'en applaudissaient même.

Les eaux stagnantes, les civilisations immo-
biles, les générations trop calmes se corrom-
pent également.

Aux yeux des gens raisonnables, pour ne
pas nous élever à de trop grandes hauteurs,
les inconvénients de la liberté de la presse
étaient peu de chose, en regard du bien que
devait produire un contrôle incessant de la
conduite du gouvernement et de l'administra-
tion.

A ceux qui redoutaient les excès, on ré-
pondait, non sans quelque raison, que nous
n'étions pas si éloignés de ce grand carnaval
de la presse démagogique, qui suivit la Révolution de 1848, que l'opinion publique pût en
avoir oublié les tristes conséquences, et que si
de tels errements se renouvelaient, le bon sens
des lecteurs en aurait bientôt fait justice.

Eh bien ! les gens raisonnables avaient tort, et ceux qui se défiaient avaient raison !

Le carnaval recommence ; les excès de la presse révolutionnaire de 1848 sont dépassés par la presse agitatrice de 1868.

Oui, dépassés ; car en 1848 ces excès étaient au moins expliqués par le bruit de la rue, par le trouble des intérêts, par l'incertitude du présent, les craintes de l'avenir, la faiblesse et l'impéritie des hommes qui s'étaient emparés du pouvoir, par la guerre civile qui tonnait dans les faubourgs de Paris, par les terribles répressions qui suivirent la victoire sanglante et précaire de l'ordre matériel ;

Tandis qu'aujourd'hui ce carnaval de la presse fait sa descente, sous un gouvernement régulier, qui compte dix-sept années d'existence, qui a donné au pays une longue période de prospérité, quelque gloire et beaucoup de bien-être !

Ici, les grossières insultes, les paroles ob-
scènes qu'un pamphlétaire prodigue au chef
de l'État, dans un libelle ignoble qui fait la
joie de tous les ennemis de la France, au-delà
du Rhin, sont exaltées et proclamées « un
« signe des temps ».

Là, on annonce l'agonie du dernier des
rois, honteux de rester le seul de son espèce
sur la terre.

> Du boyau du dernier des prêtres
> Étranglons le dernier des rois.

Un de nos ex-gouvernants provisoires, mis
en liesse par la révolution militaire d'Espagne,
qu'il prend naïvement pour une révolution
démocratique et sociale, adresse aux Castil-
lans un manifeste, véritable déclaration de
guerre à l'Empire.

Si le pouvoir du citoyen Crémieux eût égalé son vouloir, la République était proclamée à Paris, le mois dernier, par celui qui fit quelques efforts, au mois de février 1852, pour empêcher son avénement (1).

Un autre déclare carrément dans son journal, que la volonté personnelle de l'Empereur rend impossible toute affaire commerciale, paralyse tout mouvement industriel.

Viennent les élections générales, « et ceux « qui nous prêchent les douceurs de l'absolu- « tisme, apprendront qu'il y a quelque chose « de plus puissant que la volonté d'un « homme, c'est la volonté du peuple. Espé- « rons en 1869 ! (2) »

Celui-ci, dans des brochures dont la rédaction lui coûte cher, crie que l'Empire a ruiné la France, que tout s'est englouti dans le trou du déficit, commerce, industrie, crédit. La banqueroute, « la hideuse banqueroute, » est à nos portes... Ce qui ne l'empêche pas d'acheter de la rente et de confier ses écus à ce même Trésor qu'il représente comme le tonneau des Danaïdes.

Celui-là est travaillé de la monomanie de l'anti-césarisme.

Le césarisme est partout : sus au césarisme ! on sait ce que cela veut dire, depuis les manifestes de la *Commune révolutionnaire.*

A bas les prétoriens ! Nous cherchons les prétoriens, dont parle cet aimable publiciste, et nous les trouvons précisément en Espagne, où ils viennent de faire cette révolution, si applaudie à son début par la presse radicale.

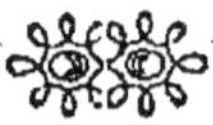

Après la République universelle, le gouvernement personnel, la ruine des finances, la banqueroute, le césarisme et les prétoriens, la féodalité est un assez joli thème, à l'usage des feuilles démagogiques.

Il paraît que, sans nous en douter, nous avons assez tristement remonté le fleuve de la vie, jusqu'en 1788.

Quatre-vingt-neuf est à recommencer.

Le mariage des protestants et des juifs est encore un concubinage aux yeux de la loi ;
La liberté de conscience n'existe pas ;
Ni l'égalité de l'impôt,
Ni l'égalité civile,
Ni la liberté de l'industrie,
Ni la liberté du commerce,
Ni la liberté d'écrire, témoin le mutisme de la presse ;
Ni la liberté d'aller et de venir, traîtreusement entravée par la suppression des passe-ports ;
Ni le droit de réunion ;

Car tout le monde sait qu'on ne peut se réunir, *cent* personnes, publiquement, dans un lieu ouvert aux quatre points cardinaux, sans en avoir fait la déclaration préalable, et sans réserver au moins une chaise de paille, dans l'enceinte, à ce suppôt de la tyrannie connu vulgairement sous le nom de commissaire de police ;

Mais que par contre, du moment que la réunion est PRIVÉE, on peut se réunir *six mille*, et fermer la porte au nez dudit suppôt.

Nous avons toujours les pays d'État et les pays d'élection ;

Les intendants et les gouverneurs de province ;

La ferme, les raccoleurs, les barrières sur les grandes routes, les maîtrises, les jurandes, la corvée.

Nos paysans sont toujours serfs de la glèbe, et les maires de villages sont des barons féodaux qui tyrannisent le pauvre monde ; — y compris M. le maire de Prunay-Belleville, canton de Bouilly, arrondissement de Troyes, département de l'Aube, population 52 habitants ; ladite commune comptant avec M. le maire, dix conseillers, soit toute sa population mâle et majeure dans le conseil municipal !

Pauvre France ! réduite à faire une nouvelle révolution avant qu'il soit trois mois ; elle la fera, tenons-le pour certain, et serrons nos écus :

« Car voici que l'éclair bienfaisant de 1789,
« de 1830 et de 1848 veut percer la sombre
« nue qui s'est étendue sur nous depuis
« 1851 (3). »

Parlons un peu de 1851.

Depuis la publication des livres de M. Ténol, le coup d'État est remis sur le tapis.

Le *Siècle* dresse sur le tard l'acte d'accusation du prince-président, et le *Constitutionnel*, nouveau Malesherbes, plaide pour l'accusé les circonstances atténuantes.

La révolution des 2, 3 et 4 décembre ne s'est pas faite sans effusion de sang.

Les recherches historiques de M. Ténot ont fixé décidément ce point controversé de notre histoire contemporaine.

Mais d'autres historiens, ni moins érudits, ni moins fureteurs que M. le bulletinier du *Siècle*, ont également découvert qu'il y eut du sang répandu :

Le 14 juillet 1789, à la prise de la Bastille ;
Le 10 août 1792, à la prise des Tuileries ;

Le 27 juillet 1794 (9 thermidor) ;

Le 1ᵉʳ avril 1795 (12 germinal) ;

Le 20 mai de la même année (1ᵉʳ prairial) ;

Le 5 octobre   dᵒ   (13 vendémiaire) ;

Les 27, 28 et 29 juillet 1830 ;

Les 5 et 6 juin 1832 ;

Le 12 mai 1839 ;

Le 24 février 1848 ;

Les 22, 23, 24, 25 et 26 juin de la même année.

Eh bien, quoi ! les guerres civiles sont des batailles intelligentes. Chacun de ceux qui combattent derrière ou devant les barricades, sait ce qu'il veut et à quoi il s'expose.

Les révolutionnaires parisiens auraient-ils la prétention d'être invulnérables, comme l'Achille grec, et de prendre un bain de Styx en se plongeant dans la Seine ?

Comptent-ils recevoir sur la tête une pluie de fleurs, quand ils envoient des balles de plomb ?

Je consens à admirer avec vous le républicain Baudin se faisant tuer sur les pavés de
Paris, pour une cause qu'il croyait sans
doute légitime ;

Mais à la condition que vous ne vous exta-
sierez pas sur ces conspirateurs de la rue
de Poitiers, qui se laissèrent prendre sans vert,
au saut du lit, par les commissaires de police
de cette République qu'ils s'apprêtaient eux-
mêmes à confisquer, comme ils avaient déjà
confisqué le suffrage universel.

Il est pourtant honteux que dans un pays où
l'instruction a reçu une extension si grande,
l'histoire contemporaine soit ignorée à ce point,
qu'on puisse faire croire à quelques milliers
de lecteurs de journaux, que le coup d'Etat fut
entrepris contre la démocratie, et non contre
la coalition parlementaire, qui avait mutilé le
suffrage universel !

Les ouvriers de Paris en savaient quelque chose, quand ils se croisaient les bras, en entendant dans la soirée du 2 décembre, les cris de Vive la république, poussés sur le boulevard des Italiens, par des gens très comme il faut, qui les eussent traités de démagogues et de partageux, quinze jours auparavant, pour le même cri!

Ils se rappelaient que la loi du 31 mai, en exigeant au lieu de six mois, *trois années de domicile*, pour l'inscription sur les listes électorales, et en imposant comme seul mode de constatation, la présentation des quittances du percepteur, avait du même coup rétabli une sorte de cens, et biffé des listes de 1848 TROIS MILLIONS D'ÉLECTEURS.

La loi du 31 mai, à elle seule, justifiait le coup d'Etat, « cette lugubre nuit de décembre, « dans laquelle la liberté a péri (4) ; » mais pas la liberté d'injurier l'empereur, d'exalter Hébert et Chaumette, de recommander la banqueroute, la confiscation et la permanence de l'échafaud politique.

Citons encore ici nos auteurs.

C'est d'abord un journal sous presse, le Barbare, *journal matérialiste*. Son prospectus nous en promet de belles :

« Nous irons fouiller l'histoire pour y cons-
« tater les effets de la foi ; nous montrerons,
« par exemple, la *Révolution française* se
« développant avec l'*athéisme* ; nous la mon-
« trerons, arrivée à son apogée, avec la *com-*
« *mune de Paris*, avec les réquisitoires anti-
« religieux de *Chaumette*, avec le journal
« spirituel et profond d'*Hébert.* »

Le *Père Duchesne*, un journal spirituel !
Il était b... spirituel, le *Père Duchesne !*

Le *Barbare* est encore dans son œuf ; mais

l'*Émancipation* de Toulouse barbotte en pleine mare démagogique.

Nous affirmons à nos lecteurs que ce qui suit est emprunté textuellement à l'organe de la démocratie toulousaine :

« Le nouveau gouvernement (Espagne) au-
« rait dû décréter les mesures suivantes :

« 1° LA BANQUEROUTE ;

« 2° L'expulsion des corporations reli-
« gieuses et la vente de leurs biens ;

« 3° S'EMPARER des *chemins de fer et les*
« DÉCRÉTER PROPRIÉTÉ NATIONALE ;

« 4° Abolir tous les monopoles financiers
« ou autres, afin de pouvoir organiser le crédit
« et amener la réforme sociale ;

« 5° Acclamer la république fédérative...

« On parle aussi d'abolir la peine de mort.
« En matière civile, soit ; mais en matière po-
« litique, non. Maintenez-la, au contraire ;
« car « tous les citoyens doivent avoir le
« droit » de porter leur tête sur l'échafaud

« pour affirmer leurs convictions. D'ailleurs,
« et c'est la royauté qui nous a enseigné ce
« procédé révolutionnaire, — IL EST TOUJOURS
« PLUS PRATIQUE DE SUPPRIMER LES ENNEMIS DU
« PEUPLE ; « c'est là une règle qu'il ne faut
« jamais oublier et que les jacobins avaient eu
« raison de pratiquer après et à l'exemple de
« la monarchie. »

Banqueroute, — confiscation, — échafaud,
— les trois côtés d'un triangle au centre duquel
brillent en lettres de feu ces deux mots : COM-
MUNE RÉVOLUTIONNAIRE.

Au moment même où le *Barbare* évoquait
la Commune révolutionnaire, Hébert et Chaumette, la *Commune révolutionnaire* adressait
aux Parisiens SON DEUXIÈME MANIFESTE.

Le premier, on s'en souvient, fut hautement
avoué par M. Félix Pyat, qui le lut à Londres,
en plein meeting interlope.

Le deuxième n'est ni moins violent, ni moins instructif (5) :

« La république, citoyens, la république de
« 92, voilà le vrai gouvernement du pays par
« le pays, ou plutôt par le droit, par le peuple ;
« le seul gouvernement juste et salutaire, le
« seul vraiment national et français, ni anglais,
« ni romain, ni haïtien, ni pastiche, ni pos-
« tiche, mais franc ; le fruit naturel et vivant
« de la démocratie, né du sein même de la
« révolution, pour sauver la France du roi et
« de Brunswick. Reprenons la république
« pour sauver la France de l'empereur et de
« Bismark.

« Il n'y a plus qu'un gouvernement pos-
« sible, la république ! qu'un parti possible,
« la France. A bas l'autocrate et l'étranger !
« Plus d'empereur ni de pape ! plus d'Italiens
« sur nous ! Ils nous mènent encore comme
« au temps de Machiavel !

« C'est l'Italie qui nous occupe. Pour un

« zouave que nous avons encore à Rome,
« Rome a dix prêtres dans chaque bourg de
« France, nous tenant au spirituel comme au
« temporel. L'Italie nous a donné la Médicis
« et la Saint-Barthélemy ; le Mazarin et son
« roi des dragonnades ; enfin les Bonapartes
« et les deux coups d'État ?

« Assez de monstres exotiques, de maîtres
« hétéroclites, imposés par les cosaques noirs
« ou blancs. Revenons à nous ! Soyons nous-
« mêmes et non une chiourme d'ultramon-
« tains avec une médaille au cou ! Reprenons
« notre nature, notre droiture originelle. Ne
« laissons pas plus longtemps la grande nation
« à la merci du dernier des Corses. Ne laissons
« plus au bandit le monopole du plomb ! Ne
« faisons pas mentir davantage l'oracle de
« Fontainebleau : « Ceux qui trempent leurs
« mains dans le sang ne profitent jamais de
« leur crime. » Justice donc pleine et prompte
« pour lui et pour les siens, pour toute la dy-
« nastie sans exception !

« Justice jusqu'à la dernière génération de
« la race, fils, neveux et cousins, astres de
« première ou troisième grandeur, errants ou
« fixes, en conjonction ou opposition, en re-
« cherche ou en attente du trône. Éclipse to-
« tale de l'empire du crime !

« Justice complète, sans appel ni sursis, de
« ce règne du meurtre, de ce tyran tremblant
« à l'ombre de son propre bourreau ! Une
« dernière échelle au « Parvenu ! » Qu'il
« souille l'échafaud comme le trône, afin que
« toute son œuvre croule après lui ! Le temps
« presse. Ne renvoyons pas à 1892 les ba-
« lances et le glaive de la justice ! Ne remet-
« tons pas aux collégiens l'honneur de nous
« venger ! à l'urne la chance de nous sauver !
« Votons, soit. Mais armons toujours. N'ayons
« qu'un bulletin : Justice ! qu'un candidat :
« Révolution ! qu'un serment : Liberté ! qu'une
« tactique : l'audace ! l'audace qui a pris châ-
« teaux et bastilles ; l'audace qui a fait et
« refera les miracles de Danton ; qui rendra

« force au droit, peine au crime ; qui remettra
« chaque chose à sa place, la France à elle-
« même, les Prussiens en Prusse, la raison à
« Notre-Dame, la Commune à l'Hôtel-de-
« Ville, la Convention aux Tuileries, et le
« Tyran à la place de la Révolution !

« Vive la République démocratique et so-
« ciale universelle.

« LE COMITÉ CENTRAL D'ACTION. »

Voilà où en est la presse cinq mois après la
promulgation de la loi qui l'a débarrassée des
entraves administratives.

Le manifeste de la soi-disant *Commune révolutionnaire* n'appartient pas à la presse
timbrée et cautionnée : œuvre anonyme d'un
club de forcenés, il n'y a qu'un homme au
monde qui ose en accepter hautement, ès-
nom, la solidarité : M. Félix Pyat.

Soit !

Mais y a-t-il un abîme, entre ceux qui ré-
digent, dans un bouge, ces manifestes clandes-
tins de la République de 93, et ceux qui,
parlant des élections prochaines pour le re-
nouvellement du Corps législatif, y voient :

« Une grande épreuve du suffrage univer-
« sel, QUI DÉCIDERA PEUT-ÊTRE DU SORT DE LA
« FRANCE (6). »

Les destinées de la France ne sont-elles donc
pas fixées ? Qu'attendent-ils des élections générales de 1869, ces quelques députés qui ont
prêté serment à l'Empire, et qui remplissent
leurs journaux d'attaques contre la constitu-
tion ?

« Mettre en question le principe même du
« gouvernement sous lequel on vit est un acte
« de sauvagerie ! »

C'est M. Thiers qui l'a déclaré à la tribune
de la chambre des députés, en 1835.

Il est cependant de mode, aujourd'hui, de répéter que la liberté de la presse n'existe pas.

Une foule d'honnêtes gens gémissent tout haut des rigueurs de certaines condamnations prononcées par les tribunaux, qui se cache-raient dans leurs caves, si les articles, objets de ces condamnations, passaient dans le do-maine des faits.

Nous parlons des poltrons ; ceux qui ont du courage prendraient leur fusil et feraient le coup de feu.

Comme il ne s'agit encore que de coups de plume, ils s'indignent à leur aise contre **un** gouvernement qui a l'audace de se défendre quand on l'attaque.

Une chose que nous n'avons jamais bien comprise, c'est que ces bonnes gens qui ont sous la main plus de journaux qu'ils n'en peuvent lire, et qui n'ont jamais écrit de leur vie deux lignes de politique, soient des partisans si farouches de la liberté de la presse dont ils n'usent pas,

Lorsqu'ils n'ont pas encore pardonné à l'Empire d'avoir donné au pays la liberté du commerce, et d'avoir effacé de nos codes les dernières dispositions qui entravaient la liberté industrielle :

Deux libertés faites pour tout le monde.

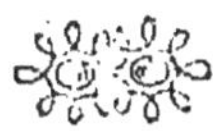

Insulter n'est pas raisonner ; frapper n'est pas convaincre ; incendier n'est pas éclairer.

Nous ne vivons pas en temps de révolution, mais sous un gouvernement régulier. La sécurité règne partout ; la loi est souveraine : il ne saurait être permis à personne, même sous prétexte de liberté de la presse, de faire du désordre au milieu de l'ordre général.

Est-ce que toutes les opinions, les plus opposées comme les plus sympathiques au Gouvernement impérial, ne sont pas représentées dans les journaux ? Ne s'expriment-elles pas librement et impunément, quand elles consentent à rester des opinions ?

Est-ce que les orléanistes, les légitimistes, les républicains autoritaires, les républicains démocrates, les républicains socialistes n'ont pas leurs organes attitrés ?

Ils les avaient, même sous le régime du dé-
cret de 1852.

Et y a-t-il en France, un Français jouissant
de toute sa raison, qui ne trouve parmi les
écrits périodiques consacrés aux matières po-
litiques et économiques, une feuille en parfaite
concordance avec ses idées?

Et si ce n'est pas là la liberté de la presse,
qu'appelle-t-on liberté ?

La liberté de la presse !... Mais elle s'étend
aujourd'hui jusqu'à la licence des jours de carnaval !

Oui, c'est le carnaval de la logique, du bon
sens et de la raison ;

Une descente de la Courtille, surprise par les rayons du soleil, qui rendent plus livides encore tous ces masques usés et toute cette friperie politique des nuits grasses !

En fait de travestissements carnavalesques, les rédacteurs du *Journal des Débats* sont d'une assez jolie force.

Témoin M. Prévost-Paradol, qui vient de souscrire pour le monument funèbre que le *Réveil*, l'*Avenir national* et la *Tribune* veulent élever par souscription au républicain Baudin, tué sur une barricade le 4 décembre 1851.

Qu'on donne une tombe sculptée au représentant Baudin, je n'y vois aucun inconvénient.

C'est une coutume des partis d'honorer leurs morts.

Quand le parti est vainqueur, le monument se dresse sur une place publique ; quand le parti est vaincu, le marbre se cache derrière les cyprès d'un cimetière.

Mais il faut que ces manifestations soient le témoignage d'une opinion loyale, et non l'expression hypocrite d'une rancune.

M. Prévost-Paradol, l'orléaniste, versant une larme et dix pistoles sur le marbre de M. Baudin, le représentant montagnard : c'est roide ! comme on dit dans les pièces de M. Alexandre Dumas fils.

Il est certain que si le coup d'État n'eût pas réussi, les orléanistes et les républicains se seraient chagrinés tôt ou tard.

Or, dans cette lutte prévue et inévitable, si les amis de M. Prévost-Paradol avaient battu ceux de M. Baudin, celui-ci eût été fort heureux d'en être quitte pour un voyage à Cayenne ;

A moins qu'on ne l'eût fusillé sur une barricade.

Dans l'hypothèse contraire, les amis de M. Prévost-Paradol auraient accompli le voyage... politique, — ou subi la fusillade.

Je comprends encore à la rigueur la conduite de M. Prévost-Paradol, qui est un homme politique et qui à ce titre se sert des idées et des passions d'autrui, comme moyen de parvenir.

Mais que de braves gens, de paisibles commerçants, de calmes rentiers, des ouvriers laborieux, des paysans dont le bon sens est proverbial, n'ayant rien à gagner et tout à perdre à une révolution, portent leurs gros sous au Monument Baudin, ou dans la caisse des *Moniteurs* de la prochaine république :

Ceci me paraît rentrer dans l'un ou l'autre de ces deux cas de pathologie, vulgairement connus sous le nom de

Folie et crétinisme !

Et puisque nous sommes sur ce chapitre et à la veille des ÉLECTIONS GÉNÉRALES de 1869, je termine par un APOLOGUE à l'usage de ceux qui, ayant des intérêts CONSERVATEURS, s'abonnent aux journaux DÉMOLISSEURS, et se proposent de voter pour les candidats que ces journaux leur recommandent.

APOLOGUE

Un touriste égaré dans les prairies du Nou-
veau-Monde, aperçoit tout à coup, à dix pas
de lui, deux Indiens de la Tribu du Croco-
dile.

Son premier mouvement est de fuir... L'at-
titude des deux Peaux-Rouges le rassure.

Des voyageurs réactionnaires ont évidem-
ment calomnié ces sauvages : ils sont paisible-
ment accroupis, absorbés par les péripéties
d'une partie d'osselets.

Le touriste s'approche :

— Bravo, la *Plume de coq !* s'écrie-t-il,

prenant bientôt un vif intérêt au jeu qui lui rappelle les innocentes récréations de son enfance.

Mais la *Petite étoile rouge* reçoit et maintient sur le dos de sa main trois osselets.

— Bravo la *Petite étoile !*

La *Plume de coq* en retient quatre.... La *Petite étoile* riposte par un coup de maître, et les cinq osselets se groupent en équilibre sur sa main. La partie est gagnée.

— Messieurs les sauvages, leur dit poliment le touriste, vous êtes si honnêtes et si habiles, que j'eusse voulu, si la chose était possible, vous voir gagner tous les deux. Mes compliments au vainqueur !

Mais à propos, quel était votre enjeu ?

— Ta chevelure et la peau de ta tête! répond la *Petite étoile rouge*.

Il fut scalpé!

Bourgeois, ouvriers et paysans, méfiez-vous des scalpeurs de 1869.

NOTES

(1) Nous lisons dans des notes manuscrites de. l'époque, cet épisode peu connu de la Révolution de février :

« Le 24 février, à midi, M. Crémieux, précédé
« d'un tambour, annonçait dans le 4ᵉ arrondisse-
« ment le ministère Barrot-Thiers : Du calme,
« disait-il ; citoyens, quittons les armes, *les vœux*
« *du peuple sont accomplis !* — Au coin de la rue
« Coquillière, un rédacteur de la *Réforme*, M. La-
« garde, l'interpelle et lui dit que le peuple ne veut
« pas de replâtrage ministériel ; la foule poursuit
« M. Crémieux de ses huées. — A une heure,
« M. Crémieux se rend au palais Bourbon pour
« soutenir la régence. — A quatre heures, il pro-
« clame la république à l'Hôtel-de-Ville ! »

(2) La *Tribune.*

(3) Dᵒ.

(4) Lettre de M. Grévy, au rédacteur en chef du journal républicain du Jura.

(5) Ce manifeste, adressé à toutes les feuilles de Paris, a été reproduit en entier par le *Pays.* Quelques journaux ont essayé de le faire passer pour apocryphe ; mais ils avaient attribué également à la police la publication du premier manifeste de la *Commune révolutionnaire ;* quelques jours après, M. Félix Pyat prenait la responsabilité des doctrines émises dans ce factum, et le lisait à Londres dans un meeting.

(6) Lettre de M. Eugène Pelletan aux électeurs de la circonscription d'Arles.

TROYES, IMPRIMERIE BRUNARD, RUE URBAIN IV, 85.